VOYAGE EN ZIG-ZAGS

à

SAINTE-MARIE

DE MADAGASCAR

VOYAGE EN ZIG-ZAGS

A

SAINTE-MARIE DE MADAGASCAR

AVANT-PROPOS

Lecteurs,

Au moment d'entamer ce récit, il me vient l'idée
de vous présenter deux illustres personnages im-
mortalisés par Voltaire. Ce sont les sieurs Pangloss et Martin, l'un distillant le miel de son éter-
nel optimisme, et l'autre écumant de la rage de
son pessimisme. *Alter ait, negat alter.* Ces deux
messieurs représenteront l'excès des éloges ou des
critiques qu'on pourrait adresser à Sainte-Marie.

Écoutons d'abord le doucereux Pangloss : « Sainte-Marie, vert bijou de l'Océan, quelle jolie brélo-
que tu aurais fournie à la montre de Micromégas,
à l'époque où ce gigantesque touriste parcourait
notre globe en deux enjambées. Quant à moi, humble optimiste, je salue l'émeraude de tes citronniers aux fruits d'or, l'ombre de tes manguiers, la
grâce de tes collines couronnées de ravenals et la
paix de tes nuits rayonnantes du vol des lucioles,
ces étoiles vagabondes du gazon et des lianes. Ta
plage offre aux regards charmés les roses nées de
l'écume de cet Océan qui a choisi tes flancs pour y
creuser un port sans souffle et sans ride, sur son

azur endormi. Que de fois ce même Océan entraîne mes regards et ma pensée jusqu'à cette Grande-Terre dressant à l'horizon son majestueux profil régnant sur un triple étage de montagnes ! Certes, la France ne redira jamais les mots amers que Pyrrhus vaincu jetait aux rivages de la Sicile : (Quelle palestre je perds !) Non, car le patriotisme des Chambres saura fonder une nouvelle France sur ce sol qui est nôtre depuis deux cents ans et qui doublera le poids de la patrie dans la balance de l'Univers.

Maintenant laissons hurler Martin :

Ne l'écoutez pas, messieurs ! Pangloss est un vieil imbécile, un archifou ! Naguère, sur les bûchers de l'Inquisition, il avait l'aplomb de s'écrier que tout était pour le mieux dans le meilleur des mondes possibles ! Aujourd'hui, il se meurt de la fièvre et pourtant il nous assomme avec ses idylles à jet continu ! Ne l'écoutez pas ! quant à moi, puisque vous demandez mon avis, que puis-je vous écrire ? je lève en vain des mains suppliantes vers le ciel, je n'y vois que des myriades de clysopompes douchant partout et douchant toujours. J'ai beau chercher de l'encre dans mon encrier, je n'y trouve que de l'eau. Eh bien, puisque vous l'avez voulu, ouvrez votre parapluie et embarquez-vous sur ma prose. Nous sommes éternellement isolés de la terre entière, derrière un horizon fermé par la pluie, les vents et les orages. Pluie vous dis-je ! pluie encore ! pluie toujours ! pluie, devant ! pluie, derrière ! pluie, en haut ! pluie, en bas ! pluie, à droite ! pluie, à gauche ! pluie, partout ! pluie, ailleurs !!! Le diable est transformé en pompier qui nous noie tous, hommes, bêtes et île entière !!! A votre tour, Lecteurs, veuillez nous lire et vous trancherez le débat.

Sainte-Marie ne possède ni voitures, ni corricolos, ni ballons dirigeables, ni pigeons voyageurs, ni vélocipèdes, ni trains de plaisir ; en fait de coursiers, elle possède un unique bourriquet jouissant et abusant de l'immunité accordée en 1804 à son homonyme de la Grande-Terre qui est mort sous le poids des années et de la paresse, en broutant les lauriers à lui concédés par un édit royal, en mémoire de la victoire gagnée par ses longues oreilles sur les ennemis de son maître.

Ce Bayard des roussins s'appelait Ra-Mandiavola et son heureux propriétaire, Tsapy, roi de Foulpointe.

Quant à notre rentier à quatre pattes de Sainte-Marie, il n'a ni nom, ni selle, ni bât quelconque, se contentant de braire à la cloche sonnant les heures, toisant les passants, lutinant les gamins, et mangeant ses quartiers avec la gravité d'un âne de qualité.

Tu vois, mon cher Joseph, qu'un voyageur n'a de choix ici qu'entre le fitakon ou ses mollets. C'est ce que je viens de faire. Escorté par le gazouillis des oiseaux-mouches, j'ai franchi 30 kilomètres, par la plus aimable route serpentant sur le plus charmant littoral qui fût jamais au pays des idylles. Bias lui-même, de pédestre souvenir, n'arpenta jamais de plus riante contrée. Figure-toi une avenue de sable fin couronnée de manguiers arrondis en dômes impénétrables ; « le tegmen de Virgile ». Cette avenue est un charme pour le voyageur, car elle se déroule devant lui à perte de vue, vierge d'ornières, lisse, ombreuse et calme comme aux bois de Meudon ou de Fontainebleau. Je viens d'écrire le mot « calme ». Eh bien, jamais imagination de poëte ou de solitaire de la Thébaïde ne pourra rêver le silence des vergers de Sahabé, la paix de cette baie arrondie en conque, éveillée par intervalles par l'élan et la chute d'un antafa (mulet) et cette langueur qui flotte dans l'atmosphère, ou descend avec les ombres des grands arbres immobiles. Tous les bruits de la vie s'éteignent ; l'air, les flots, les bois, l'oiseau sous le ravenal, l'indigène dans sa trangou (hutte), tout se tait sous la lave du soleil rayonnant en roi dans l'immensité de l'éther incendié.

Cette paix universelle pénètre et détend l'âme de l'homme des villes toujours assiégé de soucis.

Il y a là une heure de voluptueux anéantissement pour le penseur qui exhale toutes ses peines dans un soupir de délivrance, en abandonnant tout son être aux parfums légers du Fouraha, à cette nuit des rameaux qui endort sa pensée, à ces rayons qui l'éblouissent et le foudroient corps et âme, avec ses regrets et ses désirs, avec ses rêves du passé, du présent et de l'avenir.

Ouf ! mon cher Joseph, si tu as pu me suivre jusqu'ici, j'aime à croire que l'opium de ma prose t'aura endormi. Réveillons-nous et entrons dans la vie positive. Allons visiter les choux de mon hôte... Vois donc ces citrouilles pansues et dorées comme la bedaine de la mère Gigogne, aux kermesses flamandes ! et ces concombres, salades, haricots, melons, aubergines, radis, carottes, etc. etc. Avoue qu'on se croirait en face des carreaux des Halles centrales. Mais Paris ne possède point ces légumes qui s'élancent en lianes dans les vieux arbres ; l'off, le pois grimpant, la pipangaille, la patole, la margauze et le chou-chou.

Voici même l'arbre cher à nos belles créoles, le mouroung de Sumatra, aux feuilles pimentées.......

Je te fais grâce de l'arrière-garde de ces végétaux dont je t'ai assommé à dessein ; je voulais te montrer avec quelle facilité le sol de cette île accepte et perfectionne les semences étrangères. Maintenant, je dois t'expliquer mon apparente impolitesse à l'égard de mon hôte que je vais te présenter...... après ses cornichons ! Tu me comprendras, lorsque je t'aurai dit qu'il a 70 ans et le droit de savourer une longue sieste.

Le voici, mon cher Joseph ; je le résume avec La Fontaine ; « Il était prêtre de Flore, et de Pomone encore ». La grâce, la pensée, l'affabilité, tous les charmes de notre politesse française et je ne sais quelle touchante mélancolie particulière aux vieillards respirent dans ses traits vénérables. Trop sociable pour se contenter de la compagnie de l'ours du fabuliste, il a pour royaume, son verger, pour amis, ses livres et pour famille, les pauvres et tous ses visiteurs. Mêlé aux évènements de ce siècle, las de Paris et du tourbillon européen, il abrite ses derniers jours dans cette solitude, sain comme Alcinoüs, plus sage qu'Horace à Tibur, et n'ayant plus qu'une passion, — celle de notre chère France.

Du reste, il s'assied sur son moelleux oundamboudy et s'apprête à discourir :

« Mon cher enfant, me dit-il, vous êtes mon fils d'adoption depuis votre arrivée matinale. Votre regard m'a peint votre cœur. J'ai revu la France dans vos yeux. Asseyez-vous donc au foyer de votre père. Permettez-moi de tirer un voile sur le passé de ma vie et passons aux renseignements à vol d'oiseau que vous m'avez demandés.

« Sainte-Marie est une île de poche, un grain d'émeraude que la fantaisie de l'Eternel sema un jour sur les flots de l'Océan indien par 17° 0'5" S. de latitude et 47° 36' 56" E. de longitude. Cédée depuis 200 ans à la France par les princes Malates de Foulepointe, elle est devenue notre sentinelle avancée dans ces mers, aussi bien qu'un foyer de patriotisme d'où notre langue, notre commerce, notre civilisation rayonnent vers tous les débouchés dont elle est le centre. Longue de 13 lieues sur 3 de largeur, elle offre à la culture 150,000 arpents de terres vierges. Je l'appelle le jardin des blancs, de même que les indigènes ont appelé Tamatave le cimetière des Européens. Elle est saine, quoi qu'en ait dit Le Gentil, en 1784, lors de son voyage autour du monde entrepris par l'ordre de Louis XVI.

« J'ai tout lieu de croire que ce savant qui n'a passé que 36 heures sur notre rade devait être travaillé de la fièvre ou de la colique. Au reste, voyez vous-même combien ce climat nous est hospitalier. Depuis 20 ans que j'habite cette nouvelle patrie, j'ai conservé mes forces physiques et intellectuelles, grâce à un régime sévère et à l'exercice. Ici, comme partout, l'excès tue, de même que la tempérance conserve. Avouez que je serais bien ingrat, si je n'aimais pas cette terre qui me donnera bientôt une tombe. Voyez de quelles merveilles naturelles je me suis lentement entouré! Vous me l'avez dit, vous-même, avec cette bonne grâce du gentilhomme ; « j'ai trouvé l'idylle antique assise sur cette grève et sous ces beaux arbres couronnés de paix, de bonheur et d'abondance. » En effet, je ne me lasse pas d'admirer la violence de sève et l'éclat de coloris qui caractérisent notre végétation insulaire. Le sol surexcité par le soleil et les pluies réunit dans un heureux désordre, à quelques mètres à peine au-dessus de la mer, tous les végétaux qui font l'orgueil de l'échelle climatérique de notre belle colonie de la Réunion. En vertu de ce dicton indigène « qu'un bâton planté en terre prendrait racine dans notre humus bouillant de vie, » tous ces arbres électrisés par de fréquents orages sont bien plus précoces que partout ailleurs. Voyez cette fougère si chère à nos vieux poètes et qui me rappelle le passé lointain de mon enfance caressée par ma mère. Elle me sourit, là, au pied de ma varangue, presque dans le sable du littoral. Respirez ces roses qu'on croirait éternelles puisque chaque matin les renouvelle..... Et ces jasmins aux parfums exaltés, et ces lianes qui mêlent leur grâce à la majesté des manguiers de mon allée. Sont-ils assez fiers avec leur couronne d'émeraude vierge de la poussière des continents! Saluons-les ensemble, car le manguier est le roi de nos avenues, de même que le cèdre du Liban, le chêne dans les Vosges et le tamarinier dans les sables de la Réunion. » Après ce discours, mon hôte trempa ses lèvres dans un verre de Betsabetsa, puis reprit en ces termes : « Mon cher enfant, je vois que mon vieil enthousiasme vous gagne. Eh bien, enivrons-nous donc de soleil, de parfums et de verdure. Du haut de ma terrasse, vous pouvez dominer le panomara des sites et des produits divers de notre île réunis comme à plaisir. Voici, sur ces mamelons qui ferment notre horizon terrestre, quelques bouquets de nattes, d'intsy et de tacamakas devant lesquels la hache de mes bûcherons s'est arrêtée avec respect. C'est ma petite Dodone dont je suis le druide jaloux, non pour leurs oracles, mais pour le calme qu'ils réservent à mes ossements. Plus bas, sur ces pentes, s'étagent ces vieux girofliers que les feux du couchant transforment en mobiles pyramides de lumière. A droite et à gauche, sous l'abri bleuâtre des arbres à pain, des bibassiers, des jam-roses, des avocatiers, des pêchers et des citronniers, dans ces ravins embaumés où chantent les cascades de la rivière de Samanour, le caféier, le cacaoyer et le vaniller prospèrent à souhait, sans crainte des vents et des orages. Puis, dans la plaine, que la charrue a couverte des sainfoins roses de la Normandie, n'entendez-vous pas la cloche argentine de mes vaches et le bêlement lointain de mes moutons ? Puis encore, à une lieue de notre terrasse, voyez blanchir les sables du littoral parsemés des longues colonnes grises des cocotiers. Puis enfin, c'est l'océan superbe déroulant son azur traversé parfois par l'aile blanche d'un navire ou le panache d'un steamer...... Ici, mon hôte interrompt son déluge descriptif et se levant avec la grâce qu'avait conservée Lauzun à 80 ans, il s'achemine, chapeau bas, vers un rosier auquel il emprunte deux fleurs, l'une pour ma boutonnière, l'autre pour la sienne : « Mon fils, notre admiration s'égare trop loin, tandis qu'à nos pieds mon parterre attend nos hommages. Cueillir ces roses, c'est remercier Dieu dont elles sont le sourire visible. Ce sera notre prière du soir, avant de passer au réfectoire. » Ici, mon cher Joseph, s'arrête le discours de mon hôte. Après un excellent souper et une nuit bercée par les claires harmonies du samanour sautillant en doubles croches sur la basse lointaine de l'Océan, nous partîmes pour notre tour de l'ile, au trot allongé de nos fitakons portés par les màlgaches, qui sont les premiers marcheurs du monde.

Première étape. Déjeuner à Vatoulava, dans un bois de girofliers. Au fond de l'horizon bleuissent les forêts coupées de rivières qui viennent perdre leur murmure et leur cristal dans la mer. Sieste égayée par les merles et l'oiseau vert de la Réunion. Départ, la route monte entre les bois, et les roches noires déchirent la mer. Arrivée à Loukintsy, véritable balcon ouvert sur la grande terre. De ce poste élevé au-dessus des vagues, par la transparence lumineuse du couchant, nous pourons distinguer les bœufs et les pâtres de la Pointe-à-Larrée. Le vieux Théodore, chef du poste, nous raconte avec fureur le débarquement des Hovas en 1845. Le fer et le feu à la main, ils dévastèrent toute cette côte, égorgeant ou emmenant esclaves, hommes, femmes et enfants.

Ce vieux soldat de la Compagnie africaine nous représente la tradition vivante de la haine des malgaches de Sainte-Marie pour les bandits de Tananarive. Le lendemain, déjeuner dans les cacaoyers de Sainte-Thérèse. Les eaux et les bosquets y ont la fraîcheur du matin de la création. Au départ, nous traversons au pas de course les terres découvertes d'Agnivouranou pour dresser notre tente, le soir, sous les cocotiers d'Ambatouro. Halte à la Robinson sous cette forêt de longues palmes éclairées par nos feux de bivouac. C'est une véritable féerie. Au matin, nous sommes salués par une multitude d'oiseaux aquatiques qui habitent les marais épars dans la forêt. Poules d'eau, poules sultanes, hérons, sarcelles argentées, légers canards parés des couleurs du prisme, martins-pêcheurs filant dans les premiers rayons du matin comme des éclairs d'azur, pigeons verts, pigeons bleus, pintades, coqs de bruyère s'envolent ou plongent, éblouissants de coloris et comme heureux de se laisser admirer. Disciples de Pythagore qui étendait l'âme aux bêtes, nous respectons la beauté et la familiarité de ces habitants de l'air et des eaux; mais nous massacrons un épervier qui poursuit un pauvre perroquet noir criant à l'assassin. Le lendemain, nous attaquons la côte orientale. La contrée est rocailleuse et profondément dentelée par le puissant effort de l'Océan. Par intervalles, les hachures du terrain abritent des grèves de sable blanc fourmillant de coquillages. Nous déjeunons dans une anse, derrière un promontoire retentissant de l'assaut des vagues.

Le paysage est morne et sévère. Des caps et encore des caps s'élançant comme des lutteurs en pleine mer. Au-dessus de nos têtes, des mouettes et des goélands tournoient, avec leurs cris rauques. Nous partons de bonne heure. Nos porteurs pressent leur allure, mais en silence. La tristesse de ces lieux éteint leur gaieté et leurs chants. A la nuit, nous pénétrons sous les grands bois de Sahassifoutre. Nous marchons à la lueur des flambeaux promenant leurs clartés fantastiques sous l'épais couvert des sentiers. A dix heures nous frappons aux portes du presbytère qui s'ouvre pour nous offrir gite et repos.

Le lendemain, visite à la chapelle noyée dans un océan de verdure. Les traits d'or du matin traversent la forêt pour s'arrêter en nimbe sur l'humble croix de bois du portail. Nous nous agenouillons, émus, jusqu'au fond de l'âme par les voix pures des enfants et l'auguste simplicité de la messe dite dans ces déserts.

Ainsi les premiers chrétiens conduits par de pieux cénobites célébraient le Dieu de l'évangile dans les forêts de la Gaule. Déjeuner chez le curé qui nous promène ensuite sur les belles eaux du lac. Il nous vante les bécassines et les gros canards noirs à capuchon blanc qui hantent ses roseaux. A l'horizon, les bois et toujours les bois imposants dans leur magnificence. Le curé nous cite le vélounavo-outrou dont le bois est incorruptible en pilotis. Il nous indique, en mer, l'île aux sables, grouillante de pêcheurs affairés.

Dans les gros temps, l'île plonge. L'excellent prêtre nous dit adieu et nous marchons sur la presqu'île de la Léproserie. Nous traversons les girofliers d'Amboudivaniou et le village de Fitariha. Un peu avant la chute du jour, nous saluons la capitale, des hauteurs de Saint-Pierre. Souper et coucher sous le toit de l'Instituteur. Dès l'aurore, nous dévorons le tableau déroulé à nos regards. Il est splendide d'éclat et de grandeur.

Dans les profondeurs infinies de l'horizon, voici la Grande-Terre et ses hautes cîmes noyées d'azur. Au second plan, c'est la mer, immense miroir glacé de l'or et de la pourpre du matin. Plus près, c'est la rade berçant en ce moment une frégate-amirale et toute une division. Enfin, c'est le port qui se resserre entre l'ilôt Madame et la plage d'Amboudifotre, pour s'élargir en un beau lac de plusieurs kilomètres dont les eaux lavent la base des collines qni nous servent d'observatoire. A ce moment, mon hôte reprit la parole : « Mon cher fils, lisons ensemble dans cette belle scène ouverte comme un livre sous nos yeux. A nos pieds jaillit de la roche l'aiguade du gouvernement. A notre gauche, le rivage s'arrondit en demi-cercle jusqu'à la pointe de Belle-Vue. A notre droite, la rivière d'Antsaha se décharge dans le lac. Ensuite, ce massif d'arbres, noirs de sève, c'est l'île aux forbans qui garde la tombe solitaire d'un martyr de l'expansion coloniale, du jeune Albrand né à Marseille, en 1795, et mort à

Sainte-Marie, en 1826. Savant orientaliste, écrivain distingué, voyageur intrépide, chevalier de la Légion d'honneur, Albrand est une victime sacrée de l'amour de la France qu'il voulait implanter grande et respec'ée dans ces lointains climats.

Plus loin, à la pointe de Sainte-Marie, voici l'Eglise toute blanche et pudiquement voilée de l'éternelle verdure de ce climat. Là-haut, sur ce plateau, se carre le fortin avec ses canons qui tonnent pour l'arrivée de la malle. Il faut le voir et l'entendre, le 14 juillet, drapé dans sa fumée traversée d'éclairs et lançant aux échos ses détonations patriottiques. A ses pieds s'allonge la jetée Est reliée à cette avenue qui serpente sous les bois-noirs jusqu'à la plage d'Amboudifotre.

Maintenant, portons nos regards à gauche, vers l'entrée du port. Voici l'Ilot Madame, siège du gouvernement. A sa pointe, regardez le feu du phare, le mât de pavillon, les docks, les hangars, le chantier de construction et ses magasins. A partir du petit barachois, le quai se redresse, en encadrant une première ligne de rosiers et d'arbustes rares ; en arrière se développe une large allée de vieux manguiers alignés en faction, depuis la direction du port, les bureaux de la poste et de l'Etat-Civil jusqu'à la façade de la Résidence avec son fronton décoré du drapeau tricolore. N'oubliez pas qu'en 1846, une frégate de 60 canons, la *Belle-Poule*, de glorieuse mémoire, s'est remâtée, amarrée à ce quai. Du reste, le *Graville* de 3,500 tonneaux y était le mois dernier.

A 100 mètres de là, l'île s'infléchit vers la
baie en présentant les piles du nouveau pont
métallique, le bureau de police, la salle d'ar-
mes, l'immense magasin général et la longue
file des logements du Chef du service médical.
En continuant son développement circulaire,
l'île présente encore l'ambulance, la prison,
l'ancienne poudrière, et sur les flancs de la
Résidence le secrétariat, le trésor, et au fond,
un hangar neuf en avant des magasins des
ponts et chaussées.

« — Je vous vois sourire, mon cher fils, et
crois deviner votre pensée. Tudieu, s'il est
des îles inhabitées, en voici une largement
bâtie et peuplée.

« — Vous avez raison, car il n'y reste
« que la place pour les quais, l'avenue d'hon-
« neur et les allées secondaires pour la circu-
« lation. Maintenant, nous allons, s'il vous plaît,
« revêtir l'habit de cérémonie, car ma balei-
« nière va nous déposer sur le quai de la Ré-
« sidence. Je vais vous présenter au Chef de
« la Colonie. »

En effet, notre visite fut accueillie avec bien-
veillance par ce fonctionnaire qui nous parla
longtemps de ses projets, de ses réformes, du
plan de son administration réparatrice, avec
la conviction de l'homme qui a beaucoup
fait, et veut faire plus encore. Nous le quittâmes
sous l'impression forte que produit l'entretien
d'un homme voué à ses devoirs et à l'avenir
d'une île qui a l'honneur de dérouler sur ses
collines cette bannière tricolore qui représente les droits et l'espérance de la France sur

Madagascar. Mon cher Joseph, je vais terminer cette volumineuse correspondance qui ne fatiguera pas ton patriotisme. Depuis longtemps, Ste-Marie périclitait, rongée par la plaie de l'intérimat. Administration, finances, édifices publics, port, routes, travaux, instruction publique, tout périssait sous l'indifférence des fonctionnaires qui traversaient le gouvernement en véritables comparses. Eh bien ! depuis un an, la volonté du bien et la patience du Résident ont donné une vie nouvelle à cette petite colonie.

L'Administration était incomplète et énervée. Il l'a reconstituée et unie à son œuvre par le lien moral de la solidarité. La Dépendance était à découvert d'une somme relativement importante. Il la libèrera, l'an prochain, grâce à l'ordre introduit dans son régime financier.

L'instruction publique était retombée dans la barbarie. Il l'a réhabilitée d'après le programme de la Métropole. Les édifices publics périssaient, abandonnés même aux voleurs nocturnes. Aujourd'hui les belles maisons dites du gouvernement, gendarmerie, maisons du secrétaire, du garde d'artillerie, du commissaire de police, de l'employé des ponts et chaussées, s'alignent sur les hauteurs d'Amboudifotre dans leur pureté primitive. Des avenues balayées chaque matin partent de la plage, en s'étageant par rampes ombragées où l'air circule avec la fraîcheur des manguiers. Elles desservent l'Eglise, le cimetière, l'école des garçons, celle des sœurs, le presbytère, le fortin, les magasins et les propriétés de Vohipataka et d'Amboudifotre, sur une superficie de 40 hectares. Les villages de l'intérieur bordant généralement la route nationale sont soumis à un entretien journalier.

Restaient maintenant les deux questions de la préservation des forêts et de la transformation du climat. Il a résolu la première, en faisant pénétrer l'action immédiate de l'autorité au cœur même des bois de la Dépendance, en confiant leur garde aux quatre chefs des districts forestiers. Il a établi avec les ressources locales de ce service, destiné à prévenir les restes de ces essences si propres aux constructions navales et civiles. Deux fois par mois, les chefs des 12 villages viennent lui rendre le compte de leur gestion. Reste la lutte avec le climat. Eh bien ! il a le ferme espoir de le modifier par les travaux d'assainissement des marais. C'est l'œuvre du temps. Du reste, il a sous la main le précieux végétal qui transformera les marécages en futaies et en parcs. C'est l'Eucalyptus appelé à rendre ici les mêmes services que dans le Var, en Corse et en Algérie. Ce fonctionnaire a l'amour de son œuvre. Doué d'une robuste santé, il stimule, anime, maintient tous ses agents par ses tournées. Sa présence répand la confiance, le travail et l'ordre dans toutes les artères de cette petite colonie.

C'est avec une légitime fierté qu'il contemple l'îlot Madame, siège principal de son activité. Avec de médiocres ouvriers, il a élevé de superbes hangars pour abriter le combustible de la division Navale. En ce moment, il achève le pont métallique qui reliera la Résidence au centre populeux d'Amboudifotre. Sa main est partout ; aussi bien au grand barachois qu'il ne désespère pas d'approfondir, qu'à l'ambulance qu'il compte utiliser en y installant un hôpital civil ouvert aux fonctionnaires, aux habitants et aux officiers et marins du commerce. La confiance qu'il inspire attire déjà les capitaux étrangers, car voici M. E. H., directeur d'une Compagnie mauricienne, qui vient de lui demander un titre de concession de 1,000 hectares. Lui-même ne cesse de réunir les indigènes dans ses tournées, en s'appliquant à les fixer à ce sol si prompt à les nourrir. Déjà, il a obtenu la plus chère récompense de son patriotisme en réussissant à maintenir l'amour de la France dans l'âme des chefs de villages et de ces 500 braves qui avaient répondu en 1883 à l'appel de la Métropole. Les lenteurs de la guerre avaient transformé leur absence en détresse pour leurs familles. Le blocus fermait la grande terre à l'approvisionnement du marché de Sainte-Marie. Le riz atteignait le taux cruel de 70 centimes le kilog., au lieu de 10 centimes avant les hostilités. Eh bien ! ce fonctionnaire a soutenu le courage de tous ! Pas un murmure, pas un reproche parmi ces indigènes profondément devoués à la France !

Aujourd'hui, les marins sont revenus à leur nid natal, couverts des applaudissements de l'Amiral et des Commandants de la division.

Ces braves se sentent tous décorés dans cette médaille militaire qui brille sur la poitrine du quartier-maître Tsianigna. Ils savent que la grande nation a inscrit le dévouement indigène dans les fastes de sa marine. Ils savent que la Métropole n'oubliera jamais l'héroïsme de ces malgaches qui se précipitèrent dans les horreurs du cyclone de février 1885, oublieux de leur existence, pour sauver à tout prix l'équipage de l'*Oise* menacé d'une perte prochaine !

Voilà pourquoi, le Résident espère payer une dette de reconnaissance à ces marins, en leur remettant, au nom de la France, ces distinctions militaires qu'il a demandées pour eux au Ministre de la Marine et des Colonies.

Et maintenant, mon cher Joseph, reconnais avec moi qu'un fonctionnaire qui offre déjà cette belle page de dévouement créateur, a le droit de continuer son œuvre dans cette île qui monte la faction de la France, en face de l'horizon de Madagascar !

Qu'il se voue donc, sans réserve, à son administration dont l'ordre est le principe ; la patience, le moyen ; et le patriotisme, l'âme et l'honneur !

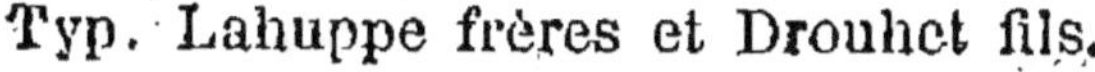

Typ. Lahuppe frères et Drouhet fils.

www.ingramcontent.com/pod-product-compliance
Lightning Source LLC
LaVergne TN
LVHW010240030726

842520LV00007B/2657